Erschienen bei FISCHER Duden Kinderbuch

© S. Fischer Verlag GmbH, Frankfurt am Main 2014
„Duden" ist eine eingetragene Marke des Verlags Bibliographisches Institut GmbH, Berlin.

Lektorat: Sophia Marzolff
Fachberatung: Ulrike Holzwarth-Raether
Illustration Lesedetektive: Barbara Scholz
Layout und Satz: Michelle Vollmer, Mainz
Umschlaggestaltung: Mischa Acker, Brühl

Druck und Bindung: Print Consult GmbH, München
Printed in Czech Republic
ISBN 978-3-7373-3617-8

Lesedetektive

Schnuppertag in der Monsterschule

Luise Holthausen

mit Bildern von Sandra Reckers

FISCHER Duden Kinderbuch

Buhu ist ein kleines Monster.

Er ist laut und wild

und macht dauernd Unsinn.

„Morgen hast du Schnuppertag

in der Monsterschule",

sagt Mama Monster.

BUHU freut sich.

JUHU!

„Da musst du still sitzen
und leise sein",
mahnt Papa Monster.

WAS?

Am nächsten Morgen

schlurft Buhu zur Schule.

Still und leise zu sein,

das findet er DOOF.

Da sieht er die Monsterkinder

auf dem Schulhof.

Sie TOBEN.

Buhu tobt mit!

DING, DONG.

Die Schulglocke läutet.

Alle Monster

rennen ins Klassenzimmer.

1. Fall: Worauf stehen die kleinen Monster?

NA, SO WAS,

alle stehen auf den Stühlen!

Schnell klettert Buhu

auf einen freien Platz.

Trampel, trampel,

da kommt Lehrer HAMPEL.

Er knallt die Tür zu.

„Wer ist heute

zum Schnuppertag gekommen?",

röhrt er.

Buhu meldet sich.

„Wir begrüßen DICH

mit unserem Morgenlied",

sagt Lehrer Hampel.

Die Monsterkinder grölen:

„LA, LE, LU,

alle Monster machen buh."

Danach haben sie Schreckstunde.

Ein rosa Monster

stürzt sich auf BUHU.

Buhu fällt fast vom Stuhl.

„Jetzt du", sagt ROSA.

Buhu wedelt mit den Armen.

„Na ja", meint Rosa.

Hampel, hampel,

da kommt Lehrerin TRAMPEL.

Bei ihr haben sie Fratzenstunde.

16

Sie trötet:

„WER in dieser Klasse

zieht die grässlichste Grimasse?"

Rosa verdreht die AUGEN

und fletscht die Zähne.

„Gruselig", kichert Buhu.

Er streckt die ZUNGE raus

und röchelt.

„Schon viel besser!", ruft Rosa.

DING, DONG.

Alle Monsterkinder

springen von ihren Stühlen.

20

RUMS,

die Stühle kippen um.

„Komm, wir haben Brüllstunde",

ruft Rosa Buhu zu.

Zusammen schlappen sie

zur Brüllhalle.

Humpel, pumpel,

da kommt Lehrer RUMPEL.

3. Fall: Welche Glocke läutet in einer Schule?

Er verkündet:

„Jedes Kind ist einmal dran.
Wer sich TRAUT,
brüllt richtig LAUT."

Das kleinste Monsterkind

stellt sich auf die Zehenspitzen.

Es macht PIEPS.

„Lauter!", sagt Lehrer Rumpel.

Rosa ruft PUPS!

„Lauter!", ruft der Lehrer.

Da brüllt Buhu los:

„Buuhuu!"

Und noch mal: BUUUHUUU!

Das macht richtig Spaß!

Lehrer Rumpel lächelt.

„Buhu, du bist wirklich

reif für die Schule.

WIR FREUEN UNS AUF DICH."

27

Nach der Schule kommen

Papa und Mama Monster.

Sie fragen:

NA, WIE WAR ES?

„Ganz schön LAUT",

sagt Buhu zufrieden.

29

AUGEN
ZUNGE

TOBEN

TRAUT
LAUT

DOOF

NA, SO WAS

NA, WIE WAR ES?

WIR FREUEN UNS AUF DICH!

31

Male ein LAUT-Bild und ein LEISE-Bild!
Möchtest du uns dein Bild schicken? Als Dankeschön
verlosen wir unter den Einsendern zweimal jährlich
tolle Buchpreise aus unserem aktuellen Programm!
Eine Auswahl der Einsendungen veröffentlichen wir
außerdem unter www.lesedetektive.de.

S. Fischer Verlag
Lesedetektive-Redaktion
Kennwort: **Monsterschule**
Hedderichstr. 114
60596 Frankfurt am Main

E-Mail: lesedetektive@fischerverlage.de

Lesedetektive – Erstlesebücher

Der Lesedetektiv begleitet auch Grundschulkinder beim Lesenlernen. Fragen zum Text fördern gezielt das Leseverständnis. Mit Detektivwerkzeug zum Entschlüsseln der Antworten.

1. Klasse

- Das verschwundene Geschenk
  ISBN 978-3-7373-3542-3
- Die Schildkröte im Klassenzimmer
  ISBN 978-3-7373-3547-8
- Ein Bär reißt aus
  ISBN 978-3-7373-3544-7
- Klarer Fall für Anna Blum!
  ISBN 978-3-7373-3562-1
- Finn und Papa spielen Steinzeit
  ISBN 978-3-7373-3524-9
- Amelie lernt hexen
  ISBN 978-3-7373-3553-9

**Jeweils
32 Seiten
15,3 × 22,8 cm
Gebunden**

Lesedetektive – Mal mit!

- Neuartige Kombination aus Erstlese- und Malbuch für kreative Leseförderung
- Das Kind vervollständigt die Illustrationen selbst anhand des Textes
- Der Lesedetektiv hilft durch gezielte Aufgaben, die zeichnerisch gelöst werden

1. Klasse

- Prinzessin Ella sucht das Abenteuer
  ISBN 978-3-7373-3519-5
- Zauberlehrling Mimo
  ISBN 978-3-7373-3518-8
- Der verschwundene Roboter
  ISBN 978-3-7373-3538-6
- Ein Pflegepferd für Lina
  ISBN 978-3-7373-3508-9

**Jeweils
64 Seiten
19,4 × 23,4 cm
Broschur**

Weitere Titel auf **www.lesedetektive.de**

Gefunden!
Knote den Streifen einfach
an das Lesebändchen
und fertig ist dein Lösungsschlüssel
für die Detektivfälle!
Zu jeder richtigen Antwort gehört
ein bestimmter Farbklecks.